ASTRID SCHNEIDER • LIA ROT

Weil ich perfekt anders bin

Das kraftvolle Mitmach-Tagebuch für hochsensible Kinder

Inkl. Achtsamkeits- & Yoga-Übungen sowie Traumreisen

Impressum:
Deutschsprachige Erstausgabe November 2022
Copyright © 2022 Printaloo
Vertreten durch Fabian Metzler, Hirtengasse 10, 69469 Weinheim
Autorin: Astrid Schneider www.astridschneider.com
Grafikerin: Laura Gemmeke www.lauragemmeke.com

Über die Autorinnen:

Astrid Schneider ist leidenschaftliche Autorin, Ghostwriterin und Mindset-Coach.

Sie schreibt zu unterschiedlichen Themen in den Genres Kinder- und Jugendbücher, Romane, Ratgeber, Mindset und Persönlichkeitsentwicklung. Ihr Steckenpferd ist das Schreiben von Kinderbüchern, in denen es um Gefühle, Achtsamkeit, Freundschaft, Zusammenhalt und Mut geht.

က္က္က

Mit ihrer „**Traumreise für hochsensible Kinder**" schaffte sie es 2021 und 2022 monatelang auf die **Amazon-Bestsellerliste** und begeisterte mit diesem wertvollen Buch tausende Kinder und Eltern.

„Jedes Kind hat das Recht, so akzeptiert und geliebt zu werden, wie es ist." Dieser Satz zieht sich wie ein roter Faden durch all ihre Werke.

Mittlerweile hat sie über 35 Bücher veröffentlicht und berührt die Menschen mit der Magie ihrer Worte. Sie selbst sagt: „Schreiben ist für mich wie Magie – ich nehme meine Leser mit in eine wundervolle Welt, die positive Spuren hinterlässt."

www.astridschneider.com

Lia Rot ist eine hochsensible junge Frau und Mutter von zwei hochsensiblen Kindern. Sie arbeitet als Vertriebsleiterin in einem großen Konzern. Das Schreiben von Gedichten verzaubert die Autorin bereits seit ihrer Jugend. Verständlicherweise beschäftigte sie sich schon sehr früh mit dem Thema Hochsensibilität. Seit Jahren schon ist es ihr Herzenswunsch, bei einem Buch für hochsensible Kinder mitzuwirken.

Mein Kind ist hochsensibel. Wie kann ich es unterstützen?

Liebe Eltern,

herzlichen Glückwunsch zu Ihrem gefühlsstarken Kind. Ihr Kind mag anders als die meisten Kinder sein und dennoch bedeutet Anderssein nichts Negatives! Hochsensibilität ist keine Krankheit, es ist etwas Angeborenes, und der Fokus sollte auf den außergewöhnlichen Fähigkeiten liegen, die Ihr Kind mitbringt. Ihr gefühlsstarkes Kind trägt eine Gabe in sich.

Hochsensibilität ist intensives Fühlen und Denken.

Es gibt so viele Facetten von Hochsensibilität. Manche Kinder sind introvertiert (etwa 70 Prozent), andere extrovertiert (etwa 30 Prozent). Was allen gemein ist, ist das mangelnde Selbstbewusstsein, viele Selbstzweifel und dass sie sich verpflichtet fühlen, anderen zu helfen. Ebenso ist Sorgfalt bis hin zum Perfektionismus oft ein großes Thema. Meist fällt es den Kindern schwer, sich von den Gefühlen anderer abzugrenzen. Zudem nehmen sie sensorische Reize stärker wahr als andere.

Hochsensible Kinder besitzen so viel Empathie, dass sie großartige Zuhörer sein können. Oft sind sie besonders kreativ und haben perfekte Antennen. Viele von ihnen sind sogar hochbegabt.

Mit diesem Buch möchten wir Ihr gefühlsstarkes Kind unterstützen, damit es sich besser versteht und gestärkt durch das Leben gehen kann. Am Ende des Buches soll es stolz auf sich sein und sich über all die Schätze und Kräfte, die es in sich trägt, bewusst sein.

Wir fördern die Achtsamkeit!

Mit diesem Mitmach-Tagebuch wird Ihr Kind in den nächsten 60 Tagen Achtsamkeit für sich und für andere erlernen.

Dieser wertvolle Begleiter soll Ihrem Kind zeigen, dass "Anderssein" eine Superkraft und etwas richtig Cooles ist.

Ihr Schützling soll sich zu einem selbstbewussten und entspannten Menschen entwickeln und sich annehmen.

Was bietet dieses Buch:

Neben den Seiten zum Ausfüllen, Malen oder Ankreuzen erwarten Ihr Kind auch Meditationen, Yoga-Übungen und sogar kleine Traumreisen. Bei manchen Übungen wird Ihr Kind Ihre Hilfe benötigen.

Warum diese Mischung?
Als hochsensible Autorin weiß ich, wie wichtig die Balance zwischen Ruhe und Action ist. Wenn im Außen der Sturm weht, ist es umso wichtiger, im Inneren Ruhe und Balsam zu finden.

Meditationen haben das Ziel, den Geist zu fokussieren und die eigenen Gedanken zur Ruhe zu bringen. Gerade für hochsensible Kinder ist das wirklich wichtig! Denn sie benötigen ein Ventil, um mit ihrer Reizüberflutung zurecht zu kommen, sich zu entspannen und gleichzeitig neue Energie zu tanken. Ebenso wird aber auch bei Meditationen die eigene Achtsamkeit gestärkt.

Yoga-Übungen sind für alle Kinder ein gutes Instrument, um ihnen Achtsamkeit und Entspannung näherzubringen, aber auch um das Körperbewusstsein und die motorischen Fähigkeiten zu fördern. Die Entspannungstechniken helfen ihnen langfristig, mit der eigenen Unruhe besser umzugehen. Entspannende Yoga-Übungen machen viel Spaß und fördern zudem das Einschlafen.

Traumreisen sind ein großartiges Werkzeug, um zur Ruhe zu kommen, abzuschalten und um sich zu entspannen. Die kurzen Geschichten sind kindgerechte Meditationen, die beim Vorlesen beruhigende Bilder im Kopf Ihres Kindes erzeugen werden.

Dieses Buch gehört:

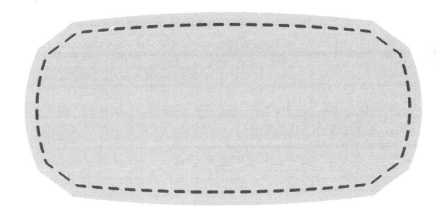

Du bist perfekt und einzigartig und das ist gut so!

Gemeinsam sind wir noch viel stärker!

Vielleicht fühlst du dich manchmal mit all den Dingen, die dich bedrücken und beschäftigen, allein. Doch das bist du gar nicht! Es gibt immer jemanden, der dir gerne zuhört und dir helfen möchte, wie deine Eltern, Großeltern, Freunde oder andere Menschen.

Du bist nicht allein. Du darfst um Hilfe bitten.

Und sogar hier in diesem Buch werden dich Mila und Elias, zwei Kinder, die wie du voller Power stecken, begleiten.

Na, bist du bereit für deine Abenteuerfahrt?

Dieses Buch enthält, genau wie du, viele Superkräfte. In den nächsten 60 Tagen darfst du dich mit deinem neuen Begleiter austoben und richtig kreativ werden.

Schnall dich an, denn auf deiner Abenteuerfahrt erwartet dich eine große Ladung **Superpower**.

Die nächsten Seiten werden dir zeigen, dass du gut bist und zwar genau so wie du bist.

Und wenn du Mila und Elias siehst, dann darfst du laut werden und den Mutmachspruch mit ihnen gemeinsam hinausschreien. Denn du weißt ja: Gemeinsam ist man noch viel stärker.

Du darfst gleich:

- ausfüllen
- Rätsel lösen
- malen
- mutige Sachen schreien
- ankreuzen
- meditieren
- Traumreisen hören
- Yoga machen

SUPERPOWER!!!

Tag:

_____

Guten Morgen!

SUPERPOWER!!!

Sag es laut mit Mila & Elias:

Ich bin ein großartiges Kind!

abends

Heute habe ich mich so gefühlt:

Das hat mich heute sehr glücklich gemacht:

Diese Gefühle waren heute am stärksten bei mir:

Freude   Wut   Angst   Trauer

Sonstiges:

Weißt du auch warum? Erzähl doch mal!

Platz für Ideen, Notizen, Wünsche und Träume

Für morgen wünsche ich mir:

Tag: _____

Guten Morgen!

SUPERPOWER!!!

Sag es laut mit Mila & Elias:

Ich glaube an mich!

abends

Heute habe ich mich so gefühlt:

Das war mein schönstes Erlebnis heute:

 Es gibt Tage, da bin ich wütend!

Damit ich das doofe Gefühl in ein gutes verändern kann, mache ich das:

- laut schreien
- mich ablenken
- spielen
- in die Natur gehen
- musizieren
- mit jemandem darüber reden
- in ein Kissen hauen
- Sonstiges: _____

Male das Mandala aus!

Tag: _____

Guten Morgen!

SUPERPOWER!!!

Sag es laut mit Mila & Elias:

 **abends**

Heute habe ich mich so gefühlt:

Das hat mich heute sehr überrascht:

Diese Gefühle waren heute am stärksten bei mir:

Freude   Wut   Angst   Trauer

Sonstiges:

Weißt du auch warum? Erzähl doch mal!

Platz für Ideen, Notizen, Wünsche und Träume

Für morgen wünsche ich mir:

Tag:

Guten Morgen!

SUPERPOWER!!!

Sag es laut mit Mila & Elias:

Ich bin sehr entspannt!

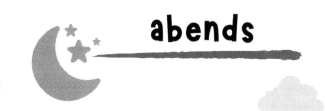 **abends**

Heute habe ich mich so gefühlt:

Das hat mich heute zum Lachen gebracht:

Diese Gefühle waren heute am stärksten bei mir:

Freude　　　Wut　　　Angst　　　Trauer

Sonstiges:

Weißt du auch warum? Erzähl doch mal!

Traumreise

Suche dir einen bequemen Ort und setze oder lege dich entspannt hin, so dass du dich richtig wohlfühlst. Lass deine Arme und Beine locker liegen, sie haben es verdient, eine Pause zu machen. Schließe deine Augen und atme tief ein und wieder aus.

Stell dir vor, du machst einen Spaziergang am Strand. Es ist ein angenehmer Sommertag. Der leichte Wind weht dir durch das Haar und die Sonne verwöhnt deine Haut. Mit jedem deiner Schritte durch den Sand wird dein Strahlen größer. Du magst es hier. Hier sind die Ruhe, das Meer und du. Keiner, der dich stört.

Du gehst näher an das Wasser heran und plötzlich entdeckst du ein paar wunderschöne Muscheln im Sand. Eine schöner als die nächste. Mit jeder neuen Welle entdeckst du neue Muscheln. Du legst sie alle auf einem Haufen. Kleine, und große Herzmuscheln und alle sehen einzigartig hübsch aus. Du steckst sie vorsichtig in deine Taschen. Als deine Taschen voll sind, stehst du vorsichtig auf und atmest den Duft des Meeres tief ein.

In Gedanken an all die schönen Muscheln gehst du wieder zurück und folgst deinen Fußspuren, die im Sand noch gut zu erkennen sind. Du fühlst dich frei und ganz entspannt. Glücklich schaust du noch einmal auf das weite Meer hinaus, während eine leichte Brise über dein Gesicht weht. Du bedankst dich beim Meer, dem Sand und den Muscheln für diese schöne Zeit.

Dann atmest du tief ein und tief aus. Du fühlst dich entspannt und ruhig. Wenn du soweit bist, öffne langsam deine Augen und komm wieder zurück in den Raum, wo alles begonnen hat.

Tag:

Guten Morgen!

SUPERPOWER!!!

Sag es laut mit Mila & Elias:

Ich bin offen für das, was der Tag mir bringen wird!

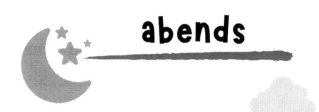

abends

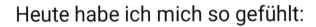

Heute habe ich mich so gefühlt:

Das war mein schönstes Erlebnis heute:

Diese zwei Dinge haben mich heute besonders motiviert:

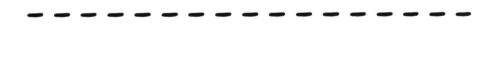

Platz für Ideen, Notizen, Wünsche und Träume

Für morgen wünsche ich mir:

Tag:

Guten Morgen!

SUPERPOWER!!!

Sag es laut mit Mila & Elias:

Ich bin
ein schlaues Kind!

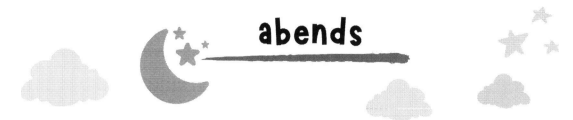

abends

Heute habe ich mich so gefühlt:

Das hat mir heute besonders viel Spaß gemacht:

Diese Gefühle waren heute am stärksten bei mir:

Freude　　Wut　　Angst　　Trauer

Sonstiges:

Weißt du auch warum? Erzähl doch mal!

Male das Mandala aus!

Tag:

Guten Morgen!

SUPERPOWER!!!

Sag es laut mit Mila & Elias:

Ich bin bin selbstbewusst!

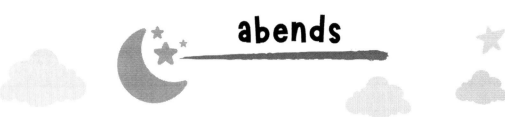

abends

Heute habe ich mich so gefühlt:

Das hat mich heute sehr zufrieden gemacht:

Diese Gefühle waren heute am stärksten bei mir:

Freude   Wut   Angst   Trauer

Sonstiges:

Weißt du auch warum? Erzähl doch mal!

Meditationsübung: Bewusstes Atmen

Das brauchst du:

Ein Kuscheltier oder ein leichtes Spielzeug und (wenn vorhanden) eine Matte.

So funktioniert diese Atemübung:

1. Lege dich auf den Boden auf deinen Rücken.

2. Lege dein Kuscheltier oder ein anderes Spielzeug auf deinen Bauch. Achte darauf, dass es nicht zu schwer ist.

3. Atme jetzt tief ein und wieder aus und beobachte dabei den Gegenstand. Spüre genau, wie er sich bei jedem deiner Atemzüge hebt und wieder senkt.

4. Versuche nun mit deinem Atem, dein Kuscheltier in den Schlaf zu wiegen. Hierbei solltest du bewusst langsam und ganz ruhig atmen.

Probiere es aus!

Tag:

_____

Guten Morgen!

SUPERPOWER!!!

Sag es laut mit Mila & Elias:

Ich gebe jeden Tag mein Bestmögliches!

abends

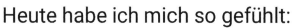

Heute habe ich mich so gefühlt:

Das war mein schönstes Erlebnis heute:

Für diese fünf Dinge bin ich heute besonders dankbar:

 _____    _____

 _____

Platz für Ideen, Notizen, Wünsche und Träume

Für morgen wünsche ich mir:

Tag:

Guten Morgen!

SUPERPOWER!!!

Sag es laut mit Mila & Elias:

Ich bin liebenswert!

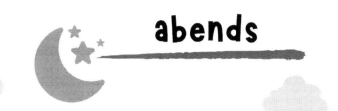

abends

Heute habe ich mich so gefühlt:

Das war mein schönstes Erlebnis heute:

 Es gibt Tage, da bin ich wütend!

Damit ich das doofe Gefühl in ein gutes verändern kann, mache ich das:

- weinen
- mich ablenken
- spielen
- in die Natur gehen
- musizieren
- etwas finden, was mir Freude macht
- mit jemandem darüber reden
- Sonstiges: _____

Finde den richtigen Weg!

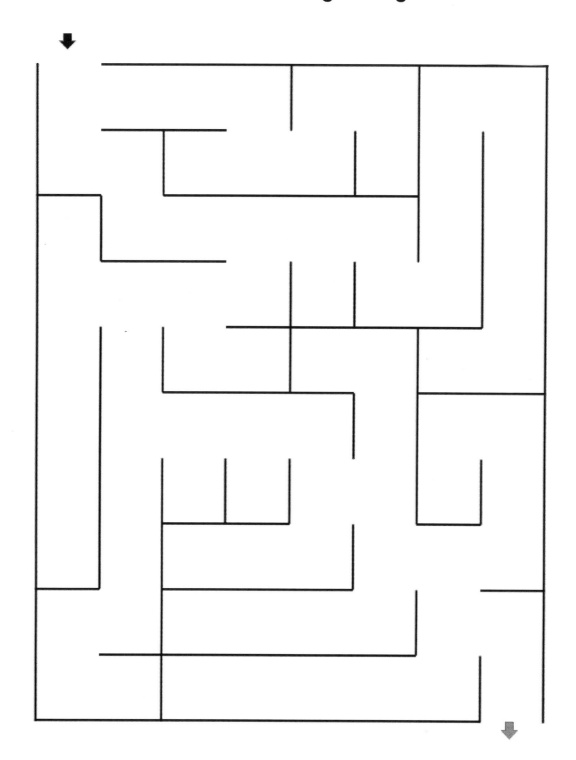

Tag:

Guten Morgen!

SUPERPOWER!!!

Sag es laut mit Mila & Elias:

Ich kann alles schaffen!

abends

Heute habe ich mich so gefühlt:

Das war mein schönstes Erlebnis heute:

Wenn du nicht die/der Beste bist, fühlst du dich nicht so gut!

Aber weißt du was? Du bist trotzdem toll. Du musst nicht immer die/der Beste sein. Du gibst dein Bestes und das ist die Hauptsache!

Welches ist dein Lieblingsfach und begeistert dich?

Platz für Ideen, Notizen, Wünsche und Träume

Für morgen wünsche ich mir:

Tag: _____

Guten Morgen!

SUPERPOWER!!!

Sag es laut mit Mila & Elias:

Ich darf Fehler machen!

abends

Heute habe ich mich so gefühlt:

Das war mein schönstes Erlebnis heute:

Für diese fünf Dinge bin ich heute besonders dankbar:

 _____   _____

 _____    _____

 _____

Traumreise

Suche dir einen bequemen Ort und setze oder lege dich entspannt hin, so dass du dich richtig wohlfühlst. Lass deine Arme und Beine locker liegen, sie haben es verdient, eine Pause zu machen. Schließe deine Augen und atme tief ein und wieder aus.

Stelle dir einen herrlichen Frühlingstag vor. Die Vögel zwitschern und die Sonne scheint hell. Alle Tiere und Pflanzen freuen sich über die Wärme. Auch du liebst die Sonne und lässt dich gerne von ihr verwöhnen.

Nun stehst du vor einer saftig grünen Wiese. Sie sieht sehr einladend aus. Rasch ziehst du deine Schuhe aus und betrittst sie barfuß.

Schon beim ersten Schritt kitzeln dich die Grashalme zwischen deinen Zehen. Du kicherst leise und genießt es.

Es ist herrlich! Mit langsamen Schritten erkundest du die Wiese. Manche Stellen in der Wiese sind noch nass. Sie geben deinen Füßen eine schöne Abkühlung, während dich die Sonne von oben streichelt. Du genießt ihre Berührung auf deiner Haut.

Ein kleiner Schmetterling fliegt fröhlich um dich herum und begleitet dich wieder zum Anfang der Wiese. Du bedankst dich bei ihm für die gemeinsame Zeit.

Dann atmest du tief ein und tief aus. Du fühlst dich entspannt und ruhig. Wenn du soweit bist, öffne langsam deine Augen und komm wieder zurück in den Raum, wo alles begonnen hat.

Tag:

Guten Morgen!

SUPERPOWER!!!

Sag es laut mit Mila & Elias:

Ich fühle mich stark!

abends

Heute habe ich mich so gefühlt:

Das hat mich heute besonders interessiert:

Diese Gefühle waren heute am stärksten bei mir:

Freude   Wut   Angst   Trauer

Sonstiges:

Weißt du auch warum? Erzähl doch mal!

Yoga-Übung: Löwenstellung (Simhasana)

Mit dieser Übung kannst du Stress und Angst abbauen und darfst laut brüllen. Das ist eine prima Yoga-Dehnung für deine Lunge, den Rachen und die Atemwege.

So funktioniert die Löwenstellung:

1. Setze dich mit den Hüften auf die Fersen. Lege die Handflächen auf die Knie.

2. Beginne mit dem Einatmen aus der Nase und streck dabei die Zunge weit heraus.

3. Mache deine Augen ganz groß, atme durch den Mund aus und mach einen Laut wie ein brüllender Löwe ("Haaa").

4. Konzentriere dich dabei mit dem Blick auf die Nasenspitze.

5. Wiederhole diese Übung drei bis fünf Mal.

Mehrmals in der Woche Yoga-Übungen zu machen, tut gut. Denn solche Übungen lassen dich auf Dauer konzentrierter werden und geben dir Kraft, alles zu bewältigen.

Tag: _____

Guten Morgen!

SUPERPOWER!!!

Sag es laut mit Mila & Elias:

Ich bin konzentriert!

abends

Heute habe ich mich so gefühlt:

Das war mein schönstes Erlebnis heute:

 Du bist wertvoll, so wie du bist!

Was glaubst du, mögen deine Freunde besonders an dir?

- ich bin sehr hilfsbereit
- ich kann gut zuhören
- ich kann ihre Sorgen gut verstehen
- ich bin sehr freundlich
- Sonstiges: _____

Platz für Ideen, Notizen, Wünsche und Träume

Für morgen wünsche ich mir:

Tag:

Guten Morgen!

SUPERPOWER!!!

Sag es laut mit Mila & Elias:

Ich liebe und achte meinen Körper!

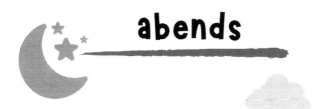

abends

Heute habe ich mich so gefühlt:

Das war mein schönstes Erlebnis heute:

 Es gibt Tage, da ist mir alles zu viel!

Was machst du dann am liebsten?

- musizieren
- in die Natur gehen
- mit anderen spielen
- in meine Decke kuscheln

- mir überlegen, wer oder was mir guttut
- mit jemandem darüber reden
- Sonstiges: _____

Male das Mandala aus!

Tag:

Guten Morgen!

SUPERPOWER!!!

Sag es laut mit Mila & Elias:

 **abends**

Heute habe ich mich so gefühlt:

Das war mein schönstes Erlebnis heute:

Für diese fünf Dinge bin ich heute besonders dankbar:

 _____   _____

 _____   _____

Traumreise

Suche dir einen bequemen Ort und setze oder lege dich entspannt hin, so dass du dich richtig wohlfühlst. Lass deine Arme und Beine locker liegen, sie haben es verdient, eine Pause zu machen. Schließe deine Augen und atme tief ein und wieder aus.

Stell dir vor, du sitzt auf einem Regenbogen und kannst alles von weit oben beobachten. Unter dir reihen sich einige weiche Wolken aneinander. Solltest du fallen, plumpst du weich und kannst dich in die Wolken kuscheln.

Es ist großartig, alles von so weit oben beobachten zu können. Hier ist es so friedlich und angenehm und der Regenbogen strahlt in all seinen schönen Farben. Du siehst dir jede Farbe in Ruhe an und sofort musst du an etwas von zu Hause denken.

Die Wiese vor deinem Haus leuchtet immer in einem kräftigen Grün. Die bunten Blumen in deinem Garten, sie strahlen in all den Farben wie dein Regenbogen. Dein Lieblingsspielzeug in deinem Zimmer ist rot und der Himmel leuchtet in einem hellen Blau. Der Zitronenbaum in deinem Garten hat dasselbe Gelb wie der Regenbogen. Großartig, all die Farben und die Erinnerungen, sie lassen dich lächeln, und Ruhe zieht bei dir ein.

Entspannt legst du dich noch eine Weile auf den Regenbogen, lässt all die Farben in der Sonne glitzern und genießt es. Ein leichter Windstoß reißt dich aus deinen Gedanken. Es wird Zeit, sich vom Regenbogen zu verabschieden.

Du dankst ihm und atmest tief ein und wieder aus. Jetzt fühlst du dich entspannt und ruhig. Wenn du soweit bist, öffne langsam deine Augen und komm wieder zurück in den Raum, wo alles begonnen hat.

Tag: _____

Guten Morgen!

SUPERPOWER!!!

Sag es laut mit Mila & Elias:

Alles, was ich brauche, trage ich bereits in mir!

 **abends**

Heute habe ich mich so gefühlt:

Das war mein schönstes Erlebnis heute:

> Es gibt Tage, da zweifle ich
> ganz doll an mir!

Damit ich das doofe Gefühl in ein gutes verändern kann,
mache ich das:

- mich an etwas erinnern, was ich prima kann
- etwas machen, was mir Freude bereitet
- mit meinen Eltern reden
- mir laut sagen: "Ich bin toll!"
- Sonstiges: _____

Platz für Ideen, Notizen, Wünsche und Träume

Für morgen wünsche ich mir:

Tag: _____

Guten Morgen!

SUPERPOWER!!!

Sag es laut mit Mila & Elias:

Ich darf alle meine Gefühle fühlen!

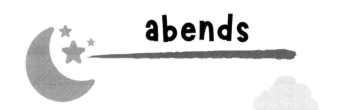

abends

Heute habe ich mich so gefühlt:

Das war mein schönstes Erlebnis heute:

Für diese fünf Dinge bin ich heute besonders dankbar:

 _____

 _____

 _____

 _____

 _____

Finde den richtigen Weg!

Tag:

Guten Morgen!

SUPERPOWER!!!

Sag es laut mit Mila & Elias:

Ich bin einzigartig!

abends

Heute habe ich mich so gefühlt:

Das war mein schönstes Erlebnis heute:

 Es gibt Tage, da bin ich ängstlich!

Damit ich das doofe Gefühl in ein gutes verändern kann, mache ich das:

- mich ablenken
- mit jemandem kuscheln
- ein Puzzle machen
- in die Natur gehen
- an etwas Schönes denken
- ein- und ausatmen
- mit jemandem darüber reden
- Sonstiges: _____

Traumreise

Suche dir einen bequemen Ort und setze oder lege dich entspannt hin, so dass du dich richtig wohlfühlst. Lass deine Arme und Beine locker liegen, sie haben es verdient, eine Pause zu machen. Schließe deine Augen und atme tief ein und wieder aus.

Stell dir einen kalten Wintermorgen vor. Du stehst inmitten einer herrlichen Winterlandschaft. Du bist dick eingepackt und deine Winterjacke, dein Schal und deine Handschuhe wärmen dich.

Du atmest tief ein und die frische Winterluft füllt deine Lungen. Sanft streichelt die Sonne dein Gesicht und die kalte Luft fühlt sich klar und sauber an.

All die Felder und Büsche um dich herum sind vom Schnee bedeckt und sehen aus, als wären sie gerade erst mit Puderzucker bestäubt worden. Deine Augen genießen den Anblick. Der Schnee glitzert und funkelt sogar in der Sonne.

Zufrieden legst du dich in den Schnee und formst mit kräftigen Bewegungen ein paar Engel. Das macht richtig Spaß. Herrlich, alles ist so friedlich und ruhig. Gelassenheit sucht sich einen Weg tief in dein Inneres.

Ein paar Minuten genießt du es noch. Dann stehst du auf und wirfst einen letzten Blick auf die zauberhafte Winterlandschaft.

Du bedankst dich für den schönen Aufenthalt und atmest tief ein und wieder aus. Jetzt fühlst du dich entspannt und ruhig. Wenn du soweit bist, öffne langsam deine Augen und komm wieder zurück in den Raum, wo alles begonnen hat.

Tag: _____

Guten Morgen!

SUPERPOWER!!!

Sag es laut mit Mila & Elias:

Ich werde von vielen Menschen geliebt!

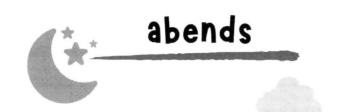

abends

Heute habe ich mich so gefühlt:

Das war mein schönstes Erlebnis heute:

**Wenn mich jemand kritisiert,
bin ich verunsichert!**

Was hilft dir dann am meisten, wieder fröhlich zu werden?

- eine Tasse warmen Kakao trinken
- mit meinen Eltern darüber reden
- an das denken, was ich prima kann
- Sonstiges: _____

Mach dir nichts draus. Die Person hat das sicher nicht böse
gemeint, vielleicht wollte sie dir sogar helfen. Keiner ist perfekt,
wir alle lernen jeden Tag etwas Neues.

Platz für Ideen, Notizen, Wünsche und Träume

Für morgen wünsche ich mir:

Tag:

Guten Morgen!

SUPERPOWER!!!

Sag es laut mit Mila & Elias:

Ich bin gut genug!

abends

Heute habe ich mich so gefühlt:

Das war mein schönstes Erlebnis heute:

Es gibt Tage, da muss ich alles 100 Mal überdenken und kann mich gar nicht entscheiden.

Was hast du heute Spontanes gemacht? Notiere es hier:

Das hast du großartig gemeistert! Du kannst das!

Platz für Ideen, Notizen, Wünsche und Träume

Für morgen wünsche ich mir:

Tag: _____

Guten Morgen!

SUPERPOWER!!!

Sag es laut mit Mila & Elias:

Ich lasse mich nicht aus der Ruhe bringen!

abends

Heute habe ich mich so gefühlt:

Das war mein schönstes Erlebnis heute:

Für diese fünf Dinge bin ich heute besonders dankbar:

 _____　　　 _____

Yoga-Übung: Die Heuschrecke

Diese Yoga-Übung stärkt die Rücken und Gesäßmuskulatur sowie das Selbstbewusstsein.

Das brauchst du:
Dich, eine Matte (wenn vorhanden).

Wie funktioniert die Heuschrecken-Stellung:
1. Lege dich auf den Bauch, auch dein Kinn liegt auf der Matte.

2. Hebe deine Arme nach hinten in die Höhe.

3. Spanne dein Gesäß an und hebe deine Beine hoch. Halte diese Position eine Weile und entspanne dich dann wieder.

4. Wiederhole diese Übung ein paar Mal.

Du machst das richtig gut!

Tag:

Guten Morgen!

SUPERPOWER!!!

Sag es laut mit Mila & Elias:

Ich bin glücklich!

abends

Heute habe ich mich so gefühlt:

Das war mein schönstes Erlebnis heute:

Für diese fünf Dinge bin ich heute besonders dankbar:

 _____

 _____

 _____

 _____

Platz für Ideen, Notizen, Wünsche und Träume

Für morgen wünsche ich mir:

Tag: _____

Guten Morgen!

SUPERPOWER!!!

Sag es laut mit Mila & Elias:

Ich fühle mich stark!

abends

Heute habe ich mich so gefühlt:

Das war mein schönstes Erlebnis heute:

Wenn du nicht alles erledigen kannst, was du dir vorgenommen hast, fühlst du dich nicht so gut! Aber hey, du brauchst überhaupt nicht traurig oder enttäuscht von dir zu sein! Ich weiß genau, dass du heute schon sehr viel gemacht hast, worüber du stolz sein kannst.

Schreibe mal alles auf:

Platz für Ideen, Notizen, Wünsche und Träume

Für morgen wünsche ich mir:

Tag:

Guten Morgen!

SUPERPOWER!!!

Sag es laut mit Mila & Elias:

Ich glaube an mich und meine Träume!

abends

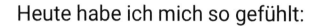

Heute habe ich mich so gefühlt:

Das war mein schönstes Erlebnis heute:

Weißt du eigentlich, wie wundervoll du bist?

Mal ehrlich, du hast so viele Talente. Zähle sie doch mal auf:

- - - - - - - - - - - - - - - - -

- - - - - - - - - - - - - - - - -

- - - - - - - - - - - - - - - - -

Das waren sicher noch nicht alle;-)

Traumreise

Suche dir einen bequemen Ort und setze oder lege dich entspannt hin, so dass du dich richtig wohlfühlst. Lass deine Arme und Beine locker liegen, sie haben es verdient, eine Pause zu machen. Schließe deine Augen und atme tief ein und wieder aus.

Stell dir vor, du stehst in einem Wald. Er sieht freundlich aus und die Sonnenstrahlen finden ihren Weg durch die Baumkronen. Du liebst die frische Waldluft und nimmst einen kräftigen Atemzug. Es riecht nach Regen und Moos und die Ruhe hier im Wald gefällt dir. Oberhalb von dir raschelt ein kleines Eichhörnchen, doch das stört dich nicht. Du sagst ihm freundlich Hallo und gehst neugierig weiter, bis du vor einem kleinen Bach stehst, der ruhig durch den Wald fließt.

Deine Füße würden sich sicher über eine Abkühlung freuen, daher steckst du vorsichtig einen Zeh und dann mutig deine beiden Füße hinein. Ganz schön kalt, doch die Erfrischung ist sehr angenehm und jeder deiner Zehen freut sich. Interessiert gehst du weiter den Bach entlang und genießt die Waldluft und den unterschiedlichen Bodenbelag unter deinen Füßen. Der lehmige Sandboden ist angenehm, die kleinen Steinchen massieren sanft deine Füße.

Der Wald ist etwas ganz Besonderes, denn hier herrscht eine herrliche Stille und die gute Luft gibt dir Kraft für den nächsten Tag. Glücklich bedankst du dich bei dem Bach, dem Wald und der Natur für die gemeinsame Zeit.

Dann atmest du tief ein und wieder aus. Du fühlst dich entspannt und ruhig. Wenn du soweit bist, öffne langsam deine Augen und komm wieder zurück in den Raum, wo alles begonnen hat.

Tag:

Guten Morgen!

SUPERPOWER!!!

Sag es laut mit Mila & Elias:

Ich bin ausgeglichen!

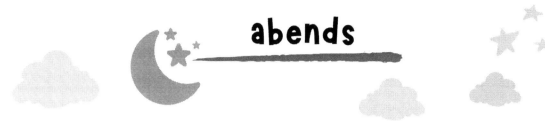

abends

Heute habe ich mich so gefühlt:

Das hat mich heute sehr erfreut:

Diese Gefühle waren heute am stärksten bei mir:

Freude   Wut   Angst   Trauer

Sonstiges:

Weißt du auch warum? Erzähl doch mal!

Male das Mandala aus!

Tag: _____

Guten Morgen!

SUPERPOWER!!!

Sag es laut mit Mila & Elias:

> Ich darf so sein, wie ich bin!

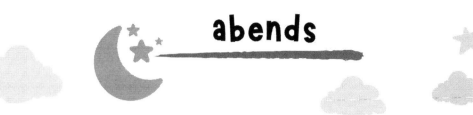 **abends**

Heute habe ich mich so gefühlt:

Das war mein schönstes Erlebnis heute:

Für diese fünf Dinge bin ich heute besonders dankbar:

 _____   _____

⭐ _____   ⭐ _____

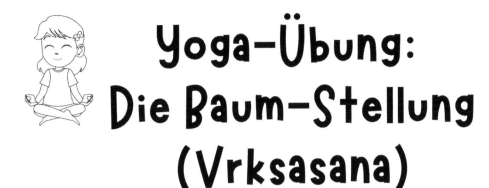

Yoga-Übung: Die Baum-Stellung (Vrksasana)

Diese Yoga-Übung lehrt dich, aufrecht zu stehen und das Gleichgewicht zu halten.

So funktioniert die Baum-Stellung:

1. Deine Beine und dein Rücken sind gerade und die Hände liegen an den Seiten.
2. Hebe den rechten Fuß mit dem Knie nach außen.
3. Lege den rechten Fuß auf die Innenseite des linken Oberschenkels.
4. Drücke die Hände über dem Kopf zusammen.
5. Atme ganz ruhig ein und wieder aus.
6. Versuche diese Position für ein paar Sekunden zu halten.
7. Nimm die Hände und dein rechtes Bein wieder herunter.
8. Wiederhole dies mit dem linken Bein.

Diese Stellung ist richtig cool, denn:

✓ Sie verbessert dein Gleichgewicht und deine Konzentration
✓ Sie stärkt deine Muskeln

Vorsicht! Wenn du dich am Anfang noch etwas unsicher fühlst, dann stelle dich mit dem Rücken gegen eine Wand.

Tag:

_____

Guten Morgen!

SUPERPOWER!!!

Sag es laut mit Mila & Elias:

Ich mag mich und meine Gefühle!

abends

Heute habe ich mich so gefühlt:

Das war mein schönstes Erlebnis heute:

Damit ich das doofe Gefühl in ein gutes verändern kann, mache ich das:

- tief durchatmen
- eins nach dem anderen machen
- mir einen ruhigen Ort suchen
- mit meinen Eltern reden
- Sonstiges: _____

Platz für Ideen, Notizen, Wünsche und Träume

Für morgen wünsche ich mir:

Tag: _____

Guten Morgen!

SUPERPOWER!!!

Sag es laut mit Mila & Elias:

Ich bin etwas ganz Besonderes!

# abends

Heute habe ich mich so gefühlt:

Das war mein schönstes Erlebnis heute:

Für diese fünf Dinge bin ich heute besonders dankbar:

 _____   _____

 _____   _____

 _____

Traumreise

Suche dir einen bequemen Ort und setze oder lege dich entspannt hin, so dass du dich richtig wohlfühlst. Lass deine Arme und Beine locker liegen, sie haben es verdient, eine Pause zu machen. Schließe deine Augen und atme tief ein und wieder aus.

Stell dir vor, du machst einen Spaziergang am Meer. Das Wetter ist perfekt, denn die Sonne ist angenehm und etwas Bewegung tut gut. Barfuß gehst du los und liebst den warmen Sand unter deinen Fußsohlen. Mit jedem Schritt spürst du, wie deine Füße eine wohltuende Massage erhalten. Du lächelst zufrieden. Im Hintergrund rauscht das Meer und du gehst näher heran.

Kleine Wellen kommen und gehen und immer wieder werden deine Füße von dem herrlichen Nass erfrischt. Du genießt die Kühle und bleibst dankbar stehen. Dein Blick geht weit nach draußen zum Horizont, wo sich die Sonne auf der Meeresoberfläche spiegelt und eine wundervolle Atmosphäre zaubert.

Du schließt deine Augen und lauschst gespannt den Wellen und der Meeresbrise, die durch deine Haare weht. Du fühlst dich rundum wohl und genießt ein paar Minuten in dieser besonderen Ruhe.

Als du die Augen öffnest, siehst du, wie die Sonne untergeht. Du verabschiedest dich von ihr, dem Meer und dem Sand.

Dann atmest du tief ein und wieder aus. Nun fühlst du dich gestärkt und voller Leichtigkeit. Wenn du soweit bist, öffne langsam deine Augen und komm wieder zurück in den Raum, wo alles begonnen hat.

Tag:

Guten Morgen!

SUPERPOWER!!!

Sag es laut mit Mila & Elias:

Ich werde geliebt, mit all meinen Stärken & Schwächen!

abends

Heute habe ich mich so gefühlt:

Das war mein schönstes Erlebnis heute:

Für diese fünf Dinge bin ich heute besonders dankbar:

 _____    _____

⭐ _____   ⭐ _____

 _____

Meditationsübung: Bäumchen schüttel dich

All die Sorgen und das Negative **schüttelst** du mit dieser Übung weg. Anschließend wirst du **Ruhe spüren.**

Nimm dir je 5 Minuten pro Phase Zeit. Natürlich kannst du hier selbst variieren.

Das brauchst du:
Dich, etwas Musik und einen Ort, wo du dich hinlegen kannst.

So funktioniert diese Meditation:
1. Stell dich aufrecht hin, halte deine Knie locker und drücke sie nicht durch. Deine Füße stehen fest auf dem Boden.

2. Sobald die Musik beginnt, darfst du all deine Glieder im Takt schütteln. Dabei bleibst du aber weiterhin fest auf dem Boden stehen.

3. Wenn die Musik gestoppt wird, darfst du in deinen Bewegungen innehalten. Bleibe so lange still stehen, bis die Musik wieder einsetzt.

4. In den Ruhephasen dürfen auch all deine Gedanken Ruhe finden und du darfst tief durchatmen und einfach bei dir sein.

Probiere es aus und wiederhole die Übung mehrmals.

Tag: _____

Guten Morgen!

SUPERPOWER!!!

Sag es laut mit Mila & Elias:

Ich mag mich sehr!

abends

Heute habe ich mich so gefühlt:

Das hat mich heute sehr entspannt:

Diese Gefühle waren heute am stärksten bei mir:

Freude   Wut   Angst   Trauer

Sonstiges:

Weißt du auch warum? Erzähl doch mal!

Platz für Ideen, Notizen, Wünsche und Träume

Für morgen wünsche ich mir:

Tag: _____

Guten Morgen!

SUPERPOWER!!!

Sag es laut mit Mila & Elias:

Ich habe eine große Gabe, die nicht jeder hat!

abends

Heute habe ich mich so gefühlt:

Das war mein schönstes Erlebnis heute:

Für diese fünf Dinge bin ich heute besonders dankbar:

 _____   _____

 _____   _____

 _____

Finde den richtigen Weg!

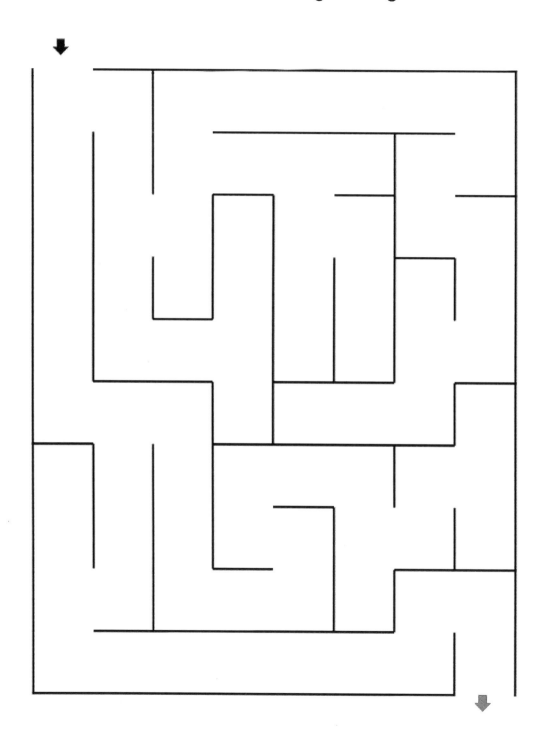

Tag: _____

Guten Morgen!

SUPERPOWER!!!

Sag es laut mit Mila & Elias:

Ich bin toll,
so wie ich bin!

# abends

Heute habe ich mich so gefühlt:

Das war mein schönstes Erlebnis heute:

Die Natur kann dir helfen dich zu beruhigen!

Wenn ich draußen bin:

- kann ich sein wie ich bin
- kann ich die Ruhe und die Tierwelt genießen
- stört mich keiner
- kann ich meine Gedanken und Gefühle sortieren
- Sonstiges: _____

Platz für Ideen, Notizen, Wünsche und Träume

Für morgen wünsche ich mir:

Tag:

Guten Morgen!

SUPERPOWER!!!

Sag es laut mit Mila & Elias:

Ich akzeptiere meine Schwächen!

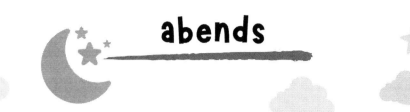

abends

Heute habe ich mich so gefühlt:

Das war mein schönstes Erlebnis heute:

Für diese fünf Dinge bin ich heute besonders dankbar:

 _____  _____

Yoga-Übung: Der Adler

"Der Adler", ist eine Yoga-Balance-Übung.

Stell dir vor, du machst einen Ausflug in den Wald und triffst dort auf einen Adler. Du freust dich sehr, denn Adler interessieren dich. Da fragt er dich: "Möchtest du dich auch mal wie ich fühlen?"
Mit großen Augen und voller Freude sagst du Ja. Er fliegt auf einen hohen Stamm, kann dir nun genau in die Augen sehen und ihr nehmt gemeinsam seine "Adlerposition" ein.

Bist du bereit?

1. Du stehst entspannt mit den Füßen auf dem Boden, die Beine sind leicht gebeugt.
2. Der Adler streckt seine Flügel aus und auch du hebst deine Arme seitlich hoch.
3. Er streckt nun das rechte Bein nach vorne aus und wickelt es um das linke Bein herum. Du machst es ihm nach. Ui, das ist wackelig. Halte dich ruhig an einer anderen Person fest. Hebe die Arme hoch und drehe den Arm um den anderen, so dass sich die Handinnenflächen berühren.
4. Versuche nun, Ruhe in deine Position zu bekommen und atme tief ein und wieder aus.
5. Dann wechselst du die Seite. Hebe dein linkes Bein und wickele es um das rechte Bein herum.

Tag:

Guten Morgen!

SUPERPOWER!!!

Sag es laut mit Mila & Elias:

Ich kann anderen helfen, denn ich bin sehr hilfsbereit!

abends

Heute habe ich mich so gefühlt:

Das war mein schönstes Erlebnis heute:

Was machst du am liebsten, wenn du dich einsam fühlst?

- in meine Lieblingsdecke kuscheln
- meine/n Freund/in anrufen
- Sonstiges: _____

- musizieren
- malen
- in die Natur gehen

Aber vergiss bitte nie, es gibt so viele Menschen, die du um dich hast. Sie sind für dich da und haben dich sehr lieb, denn du bist ein ganz wundervolles Kind!

Platz für Ideen, Notizen, Wünsche und Träume

Für morgen wünsche ich mir:

Tag:

Guten Morgen!

SUPERPOWER!!!

Sag es laut mit Mila & Elias:

Ich kann vieles erreichen!

 # abends

Heute habe ich mich so gefühlt:

Das war mein schönstes Erlebnis heute:

 Manchmal brauchen wir alle Pausen!

Pausen sind wichtig! Toll, dass du auf deinen Körper hörst.
Was tut dir dann am besten?

- ein Buch lesen
- ein Hörbuch anhören
- etwas Ruhiges spielen
- hinlegen und Gedanken beobachten

- in die Natur gehen
- Sonstiges: _____

Finde den richtigen Weg!

Tag:

Guten Morgen!

SUPERPOWER!!!

Sag es laut mit Mila & Elias:

Ich bin respektvoll!

abends

Heute habe ich mich so gefühlt:

Das war mein schönstes Erlebnis heute:

Für diese fünf Dinge bin ich heute besonders dankbar:

 _____   _____

 _____   _____

Platz für Ideen, Notizen, Wünsche und Träume

Für morgen wünsche ich mir:

Tag:

Guten Morgen!

SUPERPOWER!!!

Sag es laut mit Mila & Elias:

Ich bin zauberhaft!

abends

Heute habe ich mich so gefühlt:

Das war mein schönstes Erlebnis heute:

Es gibt manchmal Tage, wo alles zu viel wird! Du bist großartig, denn du verstehst deine Gefühle. Suche dir einen besonderen Rückzugsort. Falls es diesen Ort noch nicht gibt, erschaffe ihn in deiner Fantasie.

Wie könnte er aussehen? Male oder beschreibe ihn:

Traumreise

Suche dir einen bequemen Ort und setze oder lege dich entspannt hin, so dass du dich richtig wohlfühlst. Lass deine Arme und Beine locker liegen, sie haben es verdient, eine Pause zu machen. Schließe deine Augen und atme tief ein und wieder aus.

Stell dir eine kuschelig weiche Wolke vor. Sie ist so groß, dass du dich mit deinem gesamten Körper hineinlegen kannst. Mit einem breiten Lächeln hüpfst du hinein und kuschelst dich fest darin ein.

In langsamen Bewegungen schwingt sie hin und her und du genießt es, denn alles in dir kommt zur Ruhe und freut sich über das Nichtstun. Dein ganzer Körper fühlt sich wohl. All die Sorgen und Gedanken kannst du jetzt loslassen und sie fliegen mit dem nächsten Windhauch davon.

Deine Füße und Beine werden ganz schwer und sinken in die weiche Wolke. Dein Rücken und dein Kopf, alle leisten sie jeden Tag so viel. Sie sind dir dankbar und freuen sich.

Spürst du, wie angenehm sich dein Körper in der weichen Wolke fühlt? Wie schön es ist, nichts zu tun, einfach nur zu entspannen? Genieße es noch ein paar Minuten und fühle, wie jedes Körperteil glücklich ist. Auch die Wolke unter deinem Körper möchte nun weiterziehen und bedankt sich bei dir für die gemeinsame Zeit.

Du nimmst einen tiefen Atemzug und lässt die verbrauchte Luft wieder raus. Nun fühlst du dich entspannt und ruhig. Wenn du soweit bist, öffne langsam deine Augen und komm wieder zurück in den Raum, wo alles begonnen hat.

Tag:

Guten Morgen!

SUPERPOWER!!!

Sag es laut mit Mila & Elias:

Ich habe so viele Talente!

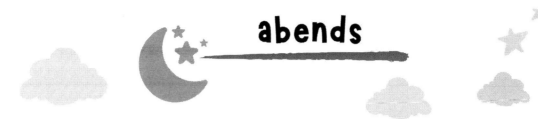

abends

Heute habe ich mich so gefühlt:

Das war mein schönstes Erlebnis heute:

Ganz bestimmt liebst du es, Neues zu lernen!
Was hast du heute oder vor ein paar Tagen Neues gelernt?

Male oder schreibe es auf:

Yoga-Übung: Die Schildkröte

Diese Übung soll vorbeugend beruhigend wirken!
Aber pass gut auf, denn sie ist auch eine kleine Herausforderung!

Stell dir vor, du bist heute eine Meeresschildkröte und lebst mit vielen anderen Tieren im Meer. Du möchtest gerade mit den anderen Meeresschildkröten losschwimmen. Doch zuerst musst du dich in eine Meeresschildkröte verwandeln.

1. Strecke deine Beine nach vorne aus und winkele die Knie an.
2. Nun schwimmst du mit deinen Flossen durch das Wasser.
3. Bringe deine Hände zwischen deine Beine und gehe mit deinen Händen unter deinen Waden hindurch.
4. Unter den Waden machst du mit den Händen kleine Schwimmbewegungen.
5. Wenn ein Hai auftaucht, kann es auch mal gefährlich werden. Dann ziehst du blitzschnell deinen Kopf ein und versteckst dich eine Weile.
6. Mache deinen Rücken rund und ziehe deinen Kopf ein.
7. Wenn die Gefahr vorüber ist, lugst du vorsichtig aus deinem Panzer heraus und machst wieder kräftige Schwimmbewegungen.

Versuch mal, so zu laufen! Das ist gar nicht so einfach.

Toll hast du das gemacht!

Tag:

Guten Morgen!

SUPERPOWER!!!

Sag es laut mit Mila & Elias:

Ich habe Freude an dem, was ich tue!

abends

Heute habe ich mich so gefühlt:

Das habe ich heute Mutiges gemacht:

Diese Gefühle waren heute am stärksten bei mir:

Freude   Wut   Angst   Trauer

Sonstiges:

Weißt du auch warum? Erzähl doch mal!

Platz für Ideen, Notizen, Wünsche und Träume

Für morgen wünsche ich mir:

Tag: _____

Guten Morgen!

SUPERPOWER!!!

Sag es laut mit Mila & Elias:

Meine Gefühle
sind meine Helfer!

abends

Heute habe ich mich so gefühlt:

Das war mein schönstes Erlebnis heute:

Für diese fünf Dinge bin ich heute besonders dankbar:

 _____   _____

 _____   _____

 _____

Finde den richtigen Weg!

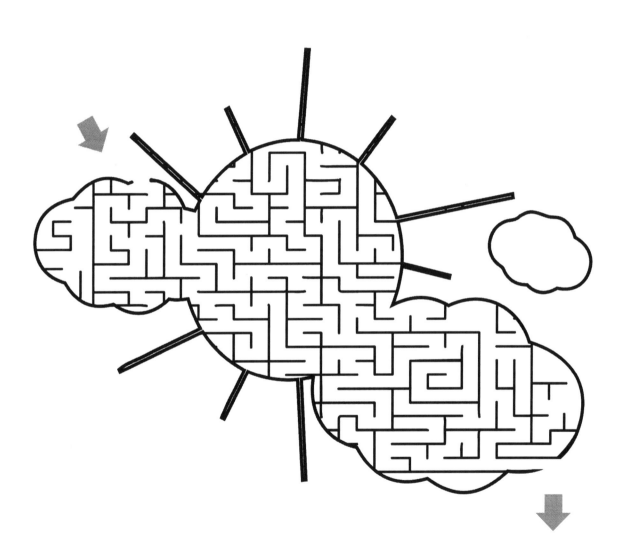

Tag:

Guten Morgen!

SUPERPOWER!!!

Sag es laut mit Mila & Elias:

Ich akzeptiere mich!

 **abends**

Heute habe ich mich so gefühlt:

Das war mein schönstes Erlebnis heute:

Für diese fünf Dinge bin ich heute besonders dankbar:

 _____   _____

 _____   _____

Platz für Ideen, Notizen, Wünsche und Träume

Für morgen wünsche ich mir:

Tag: _____

Guten Morgen!

SUPERPOWER!!!

Sag es laut mit Mila & Elias:

Ich bin wundervoll
einzigartig!

abends

Heute habe ich mich so gefühlt:

Das war mein schönstes Erlebnis heute:

Für diese fünf Dinge bin ich heute besonders dankbar:

 _____

 _____

 _____

 _____

 _____

Platz für Ideen, Notizen, Wünsche und Träume

Für morgen wünsche ich mir:

Tag:

Guten Morgen!

SUPERPOWER!!!

Sag es laut mit Mila & Elias:

Ich bin wertvoll!

abends

Heute habe ich mich so gefühlt:

Das war mein schönstes Erlebnis heute:

Für diese fünf Dinge bin ich heute besonders dankbar:

 _____

 _____

 _____

Meditationsübung: Die Steinmeditation

Die **Steinmeditation** ist gleichzeitig eine hervorragende Achtsamkeitsübung.

Das brauchst du:
Dich, einen Stein und einen ruhigen Ort.

So funktioniert diese Meditation:
1. Hast du einen Stein? Ansonsten suche dir im Garten oder beim nächsten Spaziergang ein paar Steine.
2. Mit deinem Stein suchst du dir nun einen ruhigen Ort. Mach es dir dort schön bequem.
3. Konzentriere dich nun fest auf deinen Stein. Dabei darfst du alle Sinne einsetzen: Fühle den Stein, schau ihn dir genau an, rieche oder höre mal an ihm.
4. Beantworte nach einer Weile in Gedanken diese Fragen:
   Welche Farbe hat dein Stein? Wie sieht seine Oberfläche aus?
   Wonach riecht der Stein? Wie fühlt sich der Stein an?
5. Denke dir nun eine Geschichte zu deinem Stein aus. Wo er wohl herkommt und was er auf seiner Reise alles schon erlebt hat?
6. Wenn du fertig bist, recke und strecke dich ganz fest und verabschiede dich von dem Stein.

Tag:

Guten Morgen!

SUPERPOWER!!!

Sag es laut mit Mila & Elias:

Ich vertraue mir selbst!

abends

Heute habe ich mich so gefühlt:

Das war mein schönstes Erlebnis heute:

Für diese fünf Dinge bin ich heute besonders dankbar:

 _____ _____

 _____ _____

Platz für Ideen, Notizen, Wünsche und Träume

Für morgen wünsche ich mir:

Tag:

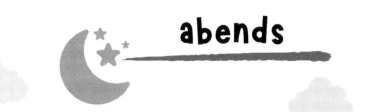 **abends**

Heute habe ich mich so gefühlt:

Das war mein schönstes Erlebnis heute:

Für diese fünf Dinge bin ich heute besonders dankbar:

 _____　　　 _____

 _____　　　 _____

 _____

Platz für Ideen, Notizen, Wünsche und Träume

Für morgen wünsche ich mir:

Tag:

Guten Morgen!

SUPERPOWER!!!

Sag es laut mit Mila & Elias:

Ich trage viel Liebe in mir!

abends

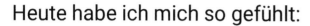

Heute habe ich mich so gefühlt:

Das war mein schönstes Erlebnis heute:

Wer hat dich heute besonders gelobt?

 Eltern ⬤ Freunde ⬤ Lehrer

Was hast du so toll gemacht? Male oder schreibe es auf:

Traumreise

Suche dir einen bequemen Ort und setze oder lege dich entspannt hin, so dass du dich richtig wohlfühlst. Lass deine Arme und Beine locker liegen, sie haben es verdient, eine Pause zu machen. Schließe deine Augen und atme tief ein und wieder aus.

Stell dir vor, du sitzt auf einer schöner Wiese, und hinter dir steht ein riesengroßer Baum, der dir Schutz bietet. Er ist so groß, dass er bis weit nach oben in den Himmel ragt und seine breite Baumkrone im Wind hin und her schwingt.

Du kannst spüren, dass dieser Baum eine besondere Kraft ausstrahlt und gehst näher. Du setzt dich und lehnst dich mit dem Rücken an seinen starken Stamm. Du schließt die Augen.

Du hörst das leise Rascheln der Blätter und spürst, wie du von Minute zu Minute entspannter wirst.

Deine Hände ruhen auf dem Boden und ertasten die dicken Wurzeln, die aus der Erde ragen. Du fasst sie an und spürst sofort, wie die Kraft des Baumes sich auf dich überträgt. Du fühlst dich stark und kannst die Verbundenheit mit der Erde spüren. Ein breites Lächeln erscheint auf deinem Gesicht.

Du fühlst dich zufrieden und glücklich und genießt noch ein paar Sekunden die Kraft des Baumes, die durch dich strömt.

Dann bedankst du dich bei ihm für seine Hilfe und atmest tief ein und wieder aus. Nun fühlst du dich entspannt und ruhig. Wenn du soweit bist, öffne langsam deine Augen und komm wieder zurück in den Raum, wo alles begonnen hat.

Tag: _____

Guten Morgen!

SUPERPOWER!!!

Sag es laut mit Mila & Elias:

Ich habe keine Angst, Fehler zu machen!

abends

Heute habe ich mich so gefühlt:

Das war mein schönstes Erlebnis heute:

Für diese fünf Dinge bin ich heute besonders dankbar:

 _____   _____

 _____   _____

 _____

Platz für Ideen, Notizen, Wünsche und Träume

Für morgen wünsche ich mir:

Tag: _____

Guten Morgen!

SUPERPOWER!!!

Sag es laut mit Mila & Elias:

Ich bin ich und das ist gut so!

abends

Heute habe ich mich so gefühlt:

Das war mein schönstes Erlebnis heute:

In deinem Kopf ist oft viel los und du machst dir über vieles Sorgen!

Aber weißt du was? Du darfst dein Leben genießen und einfach Spaß haben!

Was machst du am liebsten in deiner Freizeit? Was macht dich glücklich?

Platz für Ideen, Notizen, Wünsche und Träume

Für morgen wünsche ich mir:

Tag:

Guten Morgen!

SUPERPOWER!!!

Sag es laut mit Mila & Elias:

Ich lasse alle schlechten Gedanken los!

abends

Heute habe ich mich so gefühlt:

Das war mein schönstes Erlebnis heute:

Zu wem warst du heute besonders nett und wen konntest du glücklich machen?

Male oder beschreibe das Ereignis!

Finde den richtigen Weg!

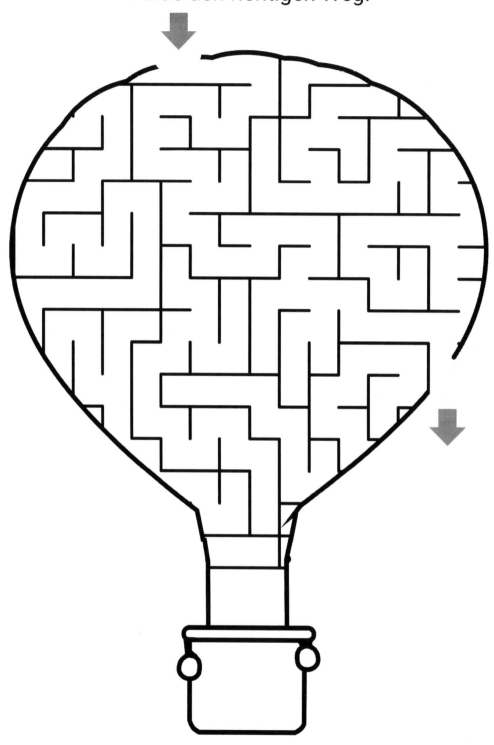

Tag:

Guten Morgen!

SUPERPOWER!!!

Sag es laut mit Mila & Elias:

Ich werde geliebt!

abends

Heute habe ich mich so gefühlt:

Das war mein schönstes Erlebnis heute:

Für diese fünf Dinge bin ich heute besonders dankbar:

 _____ _____

 _____ _____

Traumreise

Suche dir einen bequemen Ort und setze oder lege dich entspannt hin, so dass du dich richtig wohlfühlst. Lass deine Arme und Beine locker liegen, sie haben es verdient, eine Pause zu machen. Schließe deine Augen und atme tief ein und wieder aus.

Stell dir vor, du sitzt inmitten einer wilden Blumenwiese und ein frischer Blumenduft steigt dir in die Nase. Du liebst diesen Duft und nimmst gerne einen tiefen Atemzug. Um dich herum leuchten die bunten Blumen farbenfroh und strecken ihre Köpfe in die Höhe.

Sogar ein Schwarm Schmetterlinge fliegt zu dir und wild tanzen sie um dich herum. Sie setzen sich frech auf deine Stirn und verteilen sich überall auf deinem Körper. Einen nach dem anderen schaust du dir in Ruhe an. Jeder sieht so wunderschön aus in seiner Farbenpracht. Keiner gleicht dem anderen. Nach einer Weile entdeckst du etwas entfernt in einer Blüte einen Schmetterling einsam sitzen. Du schaust ihn an und wünschst dir, dass er zu dir kommt, denn er muss nicht einsam sein.

Vielleicht hat er dich gehört, denn er kommt ganz langsam zu dir geflogen und setzt sich vorsichtig auf deine Nase. Er ist der schönste Schmetterling, den du je gesehen hast. Seine Muster sind etwas ganz Besonderes und auch seine ruhige Art gefällt dir. Sofort schwappt sie zu dir über und du fühlst dich gelassen und zufrieden. Den besonderen Schmetterling lächelst du an und bedankst dich bei ihm und all den anderen Schmetterlingen für diese kleine Pause.

Dann atmest du tief ein und wieder aus. Du fühlst dich entspannt und ruhig. Wenn du soweit bist, öffne langsam deine Augen und komm wieder zurück in den Raum, wo alles begonnen hat.

Tag:

Guten Morgen!

SUPERPOWER!!!

Sag es laut mit Mila & Elias:

Ich vergleiche mich nicht mit anderen!

abends

Heute habe ich mich so gefühlt:

Das war mein schönstes Erlebnis heute:

Für diese fünf Dinge bin ich heute besonders dankbar:

 _____   ⭐ _____

⭐ _____   ⭐ _____

⭐ _____

Finde den richtigen Weg!

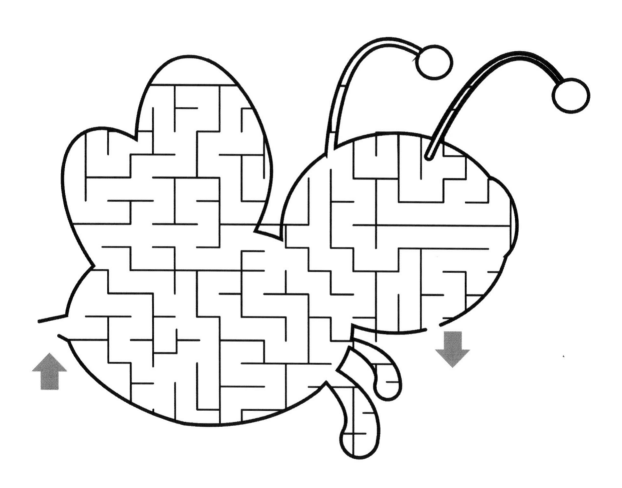

Tag: _____

Guten Morgen!

SUPERPOWER!!!

Sag es laut mit Mila & Elias:

Ich kann alles schaffen!

abends

Heute habe ich mich so gefühlt:

Das war mein schönstes Erlebnis heute:

Für diese fünf Dinge bin ich heute besonders dankbar:

 _____ _____

 _____ _____

 _____

Platz für Ideen, Notizen, Wünsche und Träume

Für morgen wünsche ich mir:

Tag: _____

Guten Morgen!

SUPERPOWER!!!

Sag es laut mit Mila & Elias:

> Ich bin sehr dankbar für das, was ich habe!

abends

Heute habe ich mich so gefühlt:

Das hat mich heute sehr stolz gemacht:

Diese Gefühle waren heute am stärksten bei mir:

Freude   Wut   Angst   Trauer

Sonstiges:

Weißt du auch warum? Erzähl doch mal!

Yoga-Übung: Die Kobra

Stell dir doch mal vor, du bist im Dschungel - heute bist du eine Schlange. Du weißt sicher wie sich eine Schlange bewegt, oder? Stell es dir nochmal vor.

Und jetzt machen wir die Kobraübung. Bist du bereit?

Das brauchst du:

Dich und eine weiche Matte (wenn vorhanden)

So funktioniert die Kobra-Stellung:

1. Lege dich auf den Bauch.
2. Lege deine Handflächen glatt auf die Matte, sodass sie sich direkt unter den Schultern befinden.
3. Mit den Handflächen drückst du deinen Oberkörper langsam nach oben.
4. Strecke deinen Hals nach oben.
5. Versuche deine Arme so weit wie möglich durchzudrücken.
6. Denke nun an die Schlange. Welche Geräusche macht sie?
7. Zische beim Ausatmen laut, genau wie eine Schlange.

Du machst das klasse!

Tag:

Guten Morgen!

SUPERPOWER!!!

Sag es laut mit Mila & Elias:

Ich finde es super, dass ich meine Gefühle verstehe!

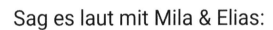

abends

Heute habe ich mich so gefühlt:

Das war mein schönstes Erlebnis heute:

Für diese fünf Dinge bin ich heute besonders dankbar:

 _____   _____

 _____   _____

Platz für Ideen, Notizen, Wünsche und Träume

Für morgen wünsche ich mir:

Tag:

Guten Morgen!

SUPERPOWER!!!

Sag es laut mit Mila & Elias:

Ich bin wundervoll anders!

abends

Heute habe ich mich so gefühlt:

Das war mein schönstes Erlebnis heute:

Für diese fünf Dinge bin ich heute besonders dankbar:

 _____ _____

 _____ _____

 _____

Platz für Ideen, Notizen, Wünsche und Träume

Für morgen wünsche ich mir:

Tag: _____

Guten Morgen!

SUPERPOWER!!!

Sag es laut mit Mila & Elias:

Ich mag mich sehr!

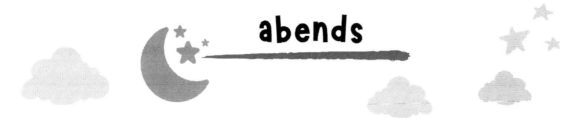

abends

Heute habe ich mich so gefühlt:

Das war mein schönstes Erlebnis heute:

Für diese fünf Dinge bin ich heute besonders dankbar:

 _____

 _____

 _____

 _____

 _____

Traumreise

Suche dir einen bequemen Ort und setze oder lege dich entspannt hin, so dass du dich richtig wohlfühlst. Lass deine Arme und Beine locker liegen, sie haben es verdient, eine Pause zu machen. Schließe deine Augen und atme tief ein und wieder aus.

Stell dir vor, du stehst an einem großen See, der von wunderhübschen Seerosen bedeckt wird. Weit und breit ist niemand außer dir zu sehen. Doch plötzlich schwimmt ein großer Schwan zu dir und sieht dich freundlich an. Er bittet dich, dass du aufsteigst. Neugierig setzt du dich auf ihn und bist gespannt, was dich erwartet. Majestätisch gleitet er über die Wasserfläche. Er erzählt dir die Geschichte, weshalb er diesen See so liebt. Gebannt lauschst du seinen Worten. Wenn er überfordert, traurig oder wütend ist, gibt ihm dieser See genau das, was er braucht. Er schwimmt ein paarmal seine Runden und dann fühlt er Ruhe und inneren Frieden. Seine Worte berühren dich, und die Ruhe und den Frieden kannst du nun auch spüren. Wortlos gleitet der Schwan noch eine Weile mit dir über den See. Du schließt die Augen und lässt die guten Gefühle sich in dir ausbreiten. Es ist schön, jemanden zu haben, der dich versteht.

Langsam geht die Sonne unter und der Schwan bringt dich wieder an das Ufer des Sees. Glücklich lächelst du ihn an und bedankst dich für seine Geschichte. Jetzt wirst du dir auch einen besonderen Ort suchen, der dir in Zukunft in schwierigen Situationen Ruhe und Frieden schenken kann.

Du atmest tief ein und wieder aus. Jetzt fühlst du dich entspannt und ruhig. Wenn du soweit bist, öffne langsam deine Augen und komm wieder zurück in den Raum, wo alles begonnen hat.

Tag:

Guten Morgen!

SUPERPOWER!!!

Sag es laut mit Mila & Elias:

Ich bin entspannt und ruhig!

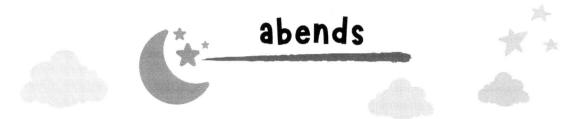

abends

Heute habe ich mich so gefühlt:

Das war mein schönstes Erlebnis heute:

Wenn du in den Arm genommen wirst, fühlst du dich:

- glücklich
- geliebt
- angenommen

- sicher
- geborgen
- Sonstiges: _____

Aber vergiss bitte nie, du bist großartig und wirst geliebt!

Platz für Ideen, Notizen, Wünsche und Träume

Für morgen wünsche ich mir:

Tag: _____

Guten Morgen!

SUPERPOWER!!!

Sag es laut mit Mila & Elias:

Ich gehe achtsam mit mir um!

abends

Heute habe ich mich so gefühlt:

Das war mein schönstes Erlebnis heute:

Über diese fünf Dinge bin ich heute besonders dankbar:

 _____   _____

 _____   _____

 _____

Platz für Ideen, Notizen, Wünsche und Träume

Für morgen wünsche ich mir:

Tag:

Guten Morgen!

SUPERPOWER!!!

Sag es laut mit Mila & Elias:

Ich habe es verdient, glücklich zu sein!

abends

Heute habe ich mich so gefühlt:

Das war mein schönstes Erlebnis heute:

Über diese fünf Dinge bin ich heute besonders dankbar:

 _____   _____

 _____   _____

 _____

Platz für Ideen, Notizen, Wünsche und Träume

Für morgen wünsche ich mir:

Tag: _____

Guten Morgen!

SUPERPOWER!!!

Sag es laut mit Mila & Elias:

> Das, was ich morgens im Spiegel sehe, ist großartig!

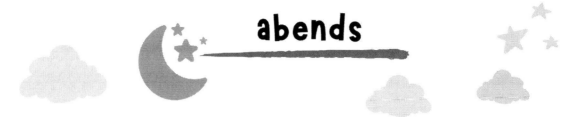

abends

Heute habe ich mich so gefühlt:

Das war mein schönstes Erlebnis heute:

Über diese fünf Dinge bin ich heute besonders dankbar:

Platz für Ideen, Notizen, Wünsche und Träume

Für morgen wünsche ich mir:

Hey du,

wir hoffen, du hattest viel Freunde mit diesem Buch und auch mit uns, Mila & Elias, als deine Begleiter.

Wir würden uns total freuen, wenn du jetzt deine besondere Gabe, die du in dir trägst, nachvollziehen kannst und verstehst, dass deine feinfühligen Antennen etwas ganz Besonders sind, worauf du stolz sein kannst..

Bleib so toll, wie du bist.

Mila & Elias

Weitere Bücher, die ich dir empfehlen

möchte:

Printed in Poland
by Amazon Fulfillment
Poland Sp. z o.o., Wrocław

33748765R00107